Nuevo edificio docente
Hospital San Rafael

Orden Hospitalaria de San Juan de Dios

riaño arquitectos
JG Ingenieros

Edición a cargo de
Enrique Sanz Neira
Carlos de Riaño

Grafismo, diseño y maquetación
Pedro Ibáñez Albert
Alicia Martínez Chicano

Coordinación riaño arquitectos
Rebeca Hurtado

Impresión
Tauro Gráfica

Depósito Legal M-1392-2024
ISBN 978-84-128057-0-3

Edita
conarquitectura ediciones, S.L.

Marqués de Monteagudo, 20. 1° Pta13
Madrid 28028
Telef. 917130056
ca@conarquitectura.com
www.conarquitectura.com

conarquitectura ediciones

Índice

Fotografías Alfonso Quiroga

El edificio docente se integra en el nuevo campus HSR

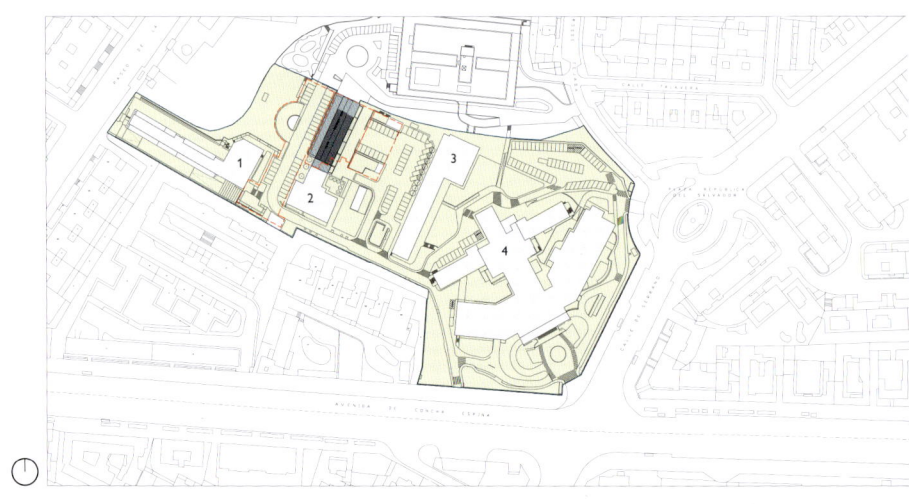

Centro Universitario Ciencias de la Salud San Rafael

1 Escuela de enfermería
2 Residencia de religiosas
3 Edificio administración
4 Hospital San Rafael

presentación/

01

El Centro Universitario de Ciencias de la Salud San Rafael se encuentra en el paseo de La Habana, formando parte de las instalaciones del Hospital San Rafael, ambos promovidos por la Orden Hospitalaria de San Juan de Dios. Se trata de un campus ubicado en una zona muy céntrica de Madrid, lo que facilita su acceso a través de numerosas opciones de transporte. El edificio docente que se ha proyectado cubre las necesidades crecientes de la institución, encaminada desde su origen a la formación de profesionales de la enfermería y fisioterapia.

El centro se proyecta para la localización de un edificio de aulas con unas instalaciones modernas y está dotado de amplios espacios multifuncionales para la docencia:

- Laboratorios y salas de simulación equipadas con tecnología avanzada para proporcionar una excelente formación práctica al alumnado.
- Aulas perfectamente equipadas y actualizadas y aulas de informática, que facilitan el día a día universitario.

Además, la integración del Centro Universitario en la proximidad al Hospital San Rafael (Universitario desde 2022) lo convierte en un espacio donde se puede tener acceso y visibilidad a un centro de referencia, lo que permite tener una visión profesional real desde el primer año de carrera, facilitando a los estudiantes su estancia académica para que su experiencia universitaria sea la mejor posible.

En las siguientes páginas se resume la historia del Hospital San Rafael, en la que este nuevo aulario es uno de sus últimos capítulos, dentro de la renovación y modernización permanente de sus instalaciones.

Historia
del Hospital San Rafael

1552 Se funda el antiguo Hospital de Nuestra Señora del Amor de Dios en la calle de su mismo nombre (situada muy cerca de la calle Atocha) por el Hermano Antón Martín.

1892 San Benito Menni, restaurador de la Orden en España, funda en Pinto el actual Hospital como asilo de niños raquíticos y escrofulosos pobres, con capacidad para 25 niños.

1900 Se traslada el Hospital hasta el Paseo de las Acacias, 6 en Madrid, abriendo las consultas externas gratuitas, atendiendo a más de 1500 niños. La financiación procedía de los donativos de los madrileños.

1912 El 8 de marzo se inaugura oficialmente el nuevo Asilo de San Rafael en los Altos del Hipódromo, carretera de Chamartín, con una capacidad de 120 camas para atender a niños con tumores blancos, mal de Pott, raquitismos y parálisis infantil.

1915 Se declara el Asilo San Rafael como Establecimiento de beneficencia Particular.

1923 El Asilo se consolida como sanatorio ortopédico, ampliando los servicios existentes con laboratorio, radiología, taller ortopédico y una escuela para niños ingresados.

1934 Se amplía el Asilo a 250 camas.

1936 El Asilo es incautado por la Junta de Beneficencia y Asistencia Social, instalándose en el mismo, primero una cárcel de mujeres y más tarde un Hospital Militar (Hospital número 21). En 1939 vuelve a ser Asilo de niños.

1957 Se inaugura la Escuela de Ayudantes Técnicos Sanitarios (ATS), y se incorporan nuevas ESPECIALIDADES como Oftalmología, Odontología, Otorrinolaringología, Dermatología, Fisioterapia y Laboratorio.

1969 Se inaugura el actual edificio, denominándose Hospital Infantil San Rafael.

1985 Se abren los servicios de Urgencias Pediátricas y Cuidados Intensivos Pediátricos (1988).

1997 Se aborda una reforma y una ampliación profunda del Hospital dotándole de un nuevo bloque quirúrgico, dos UVIS, una pediátrica y otra de adultos, así como reorganización de espacios, logrando un hospital más funcional y operativo.

2000 Apertura de Urgencias y UCI de adultos.

2002 Hospital de Día de Oncología Infantil.

2003 Creación del Instituto de Cirugía Maxilofacial.

2004 Obtención del Sello de Calidad Europea, a través del modelo EFQM, certificado por Lloyd´s Register Quality Assurance por concesión del Club de Gestión de Calidad.

2005 Obtención de ISO 14001 en Gestión Ambiental. Inicio de Encuestas de Satisfacción de Clientes.

2006 Remodelación total de la Planta Primera del Hospital con la creación de una unidad quirúrgica de 30 camas.

2007 Adquisición de Neuronavegador para intervenciones de Neurocirugía y Traumatología. Adquisición de un segundo equipo de Resonancia Magnética de alto campo.

2008 Acuerdo con la Fundación La Caixa, para la colaboración en el Programa de Atención Integral a personas con enfermedades avanzadas, vigente actualmente. Remodelación del Colegio de Educación Especial, con la incorporación de una nueva Unidad Docente de Educación Especial infantil.

2009 Incorporación de la especialidad de Cardiología Intervencionista y Cirugía Cardiaca. Instalación de Sala de Hemodinámica de altas prestaciones. Obtención de sello de excelencia 400+ del modelo EFQ certificado por Bureau Veritas por concesión del Club de Excelencia en Gestión.

2009 Firma de acuerdo en Julio del 2009, con la Universidad Antonio de Nebrija, Fundación San Juan de Dios y Hospital San Rafael, para el desarrollo docente en el ámbito de Ciencias de la Salud.

2010 Realización del Plan Estratégico del Hospital San Rafael 2010-2013. Se incorpora la especialidad de Cirugía Torácica a la cartera de servicios.

2011 Incorporación de la especialidad de Psiquiatría Infantil y renovación del Sello de Excelencia Europea 400+.

2012 Celebración del 120 aniversario del nacimiento del Hospital San Rafael.

2013 Inauguración de las nuevas instalaciones del Colegio de Educación Especial Hospital San Rafael.

Renovación del Sello de Excelencia EFQM 400+ de Calidad.

Nueva Unidad de Epilepsia Compleja.

Rehabilitación Cardiaca.

Nuevo Área de Consultas.

Pediatría Social

Creación de la Asociación de Hospitales Católicos de Madrid.

Inicio de las obras para la incorporación del Servicio de Obstetricia.

Nueva decoración del Área Pediátrica.

Incorporación del Hospital San Rafael de Madrid a las Redes Sociales (Facebook).

2014 Creación de la Unidad de Cirugía Robótica Da Vinci

Consulta Medicina del Adolescente

Servicio de Obstetricia

Servicio de Neonatología

Unidad de Diabetes Pediátrica

Acreditación del Centro Universitario de Ciencias de la Salud San Rafael-Nebrija, en los postgrados de Odontopediatría, Ortodoncia y Ortopedia Dentofacial, y Ortodoncia Avanzada

Canal de YouTube

2015 Unidad de Medicina del Sueño (Adultos y Pediátrica)

Reumatología (Adultos y Pediátrica)

Sello de Excelencia Europea 500+

2016 El Hospital San Rafael elegido Embajador de la Excelencia Europea 2016

2017 El Hospital San Rafael recibe el Premio Madrid Excelente a la Confianza de los Clientes. Presencia en linkedin.

Adquisición del nuevo Robot Da Vinci® X.

Incorporación de un quirófano integrado al bloque quirúrgico, con funciones de comunicación, navegación y cirugía video asistida.

2018 Renovación del Sello de Excelencia Europea 500+. Perfil en Instagram.

Ampliación de 20 habitaciones en planta tercera (parte posterior) del Hospital, donde antes eran terrazas

Inauguración de las nuevas instalaciones del Colegio de Educación Especial Hospital San Rafael en la C/ Concha Espina, 32.

2019 Inauguración del nuevo Centro Odontológico Hospital San Rafael en la C/ Concha Espina, 32.

Unidad de Cirugía de la Obesidad.

Programa de Apoyo a Niños Hospitalizados.

Nuevas consultas de Urología y de Obstetricia y Ginecología en la planta baja del Edificio II, donde anteriormente se encontraba el Colegio de Educación Especial.

2020 Remodelación del área de Radiodiagnóstico y Laboratorio.

Incorporación de Consulta de Oncología de Adultos en acuerdo con el Hospital Beata Maria Ana. (Hermanas Hospitalarias).

Nueva Consulta de Coronavirus-Covid19.

El proyecto Apoyo a niños hospitalizados del Hospital San Rafael recibe uno de los 'V Premios Humanizando la Sanidad' otorgados por Teva España.

2021 Nuevo canal interno de televisión gratuito, HSR-TV, para pacientes ingresados.

Nuevo robot para desinfección por UV-C donado por la Unión Europea.

Unidad de Medicina Oral.

Hospital San Rafael de Madrid se estrena como sede invitada de PHotoESPAÑA OF 2021.

Nuevo sistema de citación online.

Servicio de Nefrología de Adultos.

Lanzamiento de app móvil para gestionar citas y pruebas médicas.

Presentación del mural "Amor y caridad" de la 2ª Planta del hospital (hall Unidad de Maternidad).

Inauguración de la Unidad de Cirugía Mayor Ambulatoria (CMA)

Adquisición de un nuevo neuronavegador que mejora la precisión quirúrgica, con más margen de seguridad para los pacientes.

Hospital San Rafael sede invitada de PhotoEspaña 2021.

2022 Celebración del 130 aniversario del nacimiento del Hospital Universitario San Rafael.

El Hospital San Rafael de Madrid se convierte en Hospital Universitario.

Apertura del nuevo centro de Fisioterapia y Rehabilitación Integral Hospital San Rafael.

El Hospital Universitario San Rafael repite como sede invitada de PhotoEspaña.

El Hospital Universitario San Rafael se encuentra en el ranking de los cincuenta hospitales privados de toda España con mejor reputación sanitaria en el 2022, según el Monitor de Reputación Sanitaria (MRS) elaborado por Merco.

I Premio a la Excelencia e Innovación en Cirugía Hospital Universitario San Rafael. galardón que en esta primera edición ha recaído en la figura del Dr. René Sotelo.

La nueva instalación docente se sitúa dentro de la parcela del Hospital San Rafael, aprovechando un espacio entre los niveles del edificio existente de la Escuela de Enfermería (con acceso desde el paseo de La Habana) y algunas zonas de aparcamiento de la parte posterior del bloque principal del Hospital.

Se proyecta una pieza compacta que transmite orden, desde el interior hacia el exterior, mejorando las condiciones previas del solar.

El diseño de la fachada es, por lo tanto, la clave. A través de este gesto controlado, se ordena un espacio que alcanza más allá del volumen construido.

Se ha tenido en cuenta en este proyecto la futura ampliación junto a la fachada este.

Hacia el interior, los ritmos de la fachada son el resultado del espacio distribuido entre las diferentes aulas orientadas al oeste.

Las lamas y los sistemas de sombreado, diseñados con una geometría adecuada para esta latitud, matizan, hacia el oeste, la entrada de luz natural, que se convierte en la protagonista de los espacios interiores, pensados desde una estricta modulación natural.

Los materiales elegidos se adaptan a esas pautas dimensionales y tienen el mejor mantenimiento posible.

Hospital San Rafael
Nuevo edificio docente

Calle Serrano, 199

Este edificio, que se ha pensado desde unas dimensiones precisas, ha podido llevarse a término porque se ha contado con un proyecto bien elaborado. Cuando todas las piezas encajan correctamente, el éxito es colectivo: constructora, contratas, medios auxiliares, sistemas prefabricados..., deben ajustarse a las determinaciones de un proyecto realizado con antelación. Además, durante la obra, debe tener capacidad de reajuste, si fuera preciso.

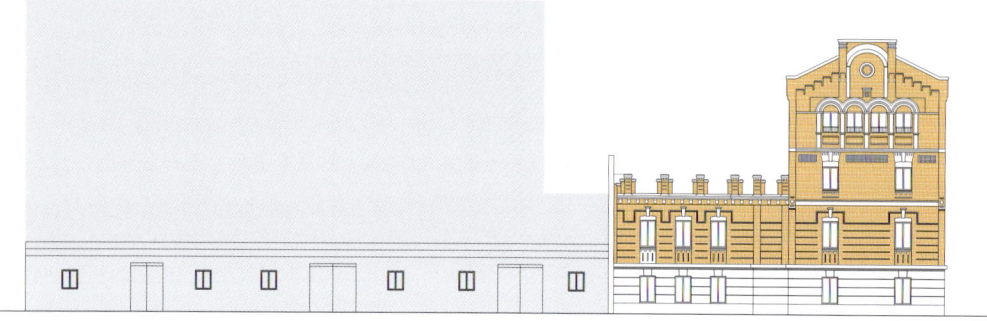

Estado actual. Alzado oeste

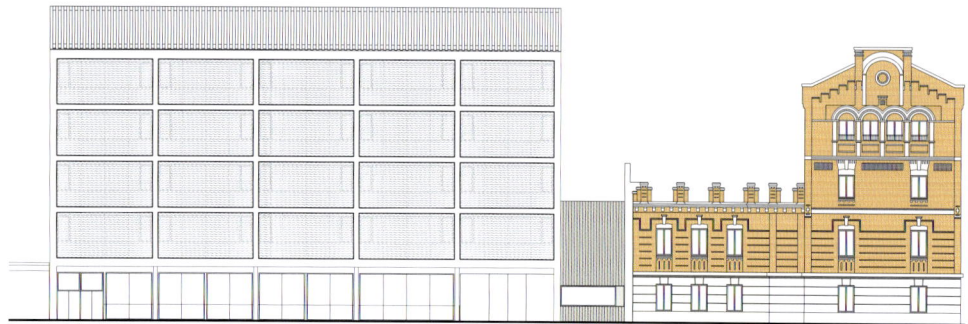

La posición y volumetría del edificio viene definida por el planeamiento urbanístico existente. El Centro Universitario, con una sencilla planta rectangular, organiza el programa generando espacios de máxima diafanidad, ordenando la planta con núcleos de comunicaciones y servicios posicionados en fachada este, frente a los usos principales y aulas que se ubican en fachada oeste. Se ha respetado tanto la funcionalidad de la edificación de ladrillo existente, perteneciente al proyecto original del Hospital de San Rafael, como sus lineas de cornisa, que han servido como pautas para organizar la composición de la nueva facahada.

Con una línea de apoyos estructurales en fachadas este y oeste, y otra intermedia de carga situada entre ranuras de patinillos, la planta queda repartida en tres bandas, en sentido este-oeste. Una banda de núcleos de servicios y comunicaciones, una segunda intermedia con pasillo de distribución y otra banda oeste que incluye las aulas.

El acceso principal se propone en fachada oeste, con un vestíbulo principal, zona de esparcimiento de alumnos, despachos y salas de profesorado. En los niveles sobre rasante toda la banda oeste está destinada a aulas, y en niveles inferiores al acceso, vestuarios y aseos de alumnos y profesores, almacenes e instalaciones.

En cubierta, una planta retirada de la fachada oeste facilita el alojamiento de la maquinaria de climatización. Se utiliza para su ocultamiento, mediante esta pérgola horizontal superior, el mismo material que para el resto de las fachadas.

El nuevo volumen se recubre de una piel de piezas verticales extrusionadas de aluminio termolacado gris mate. Este revestimiento continuo se ve interrumpido en el alzado de poniente con unas lamas horizontales del mismo material que protegen del sol de la tarde. El contraste con el ladrillo de la residencia de la congregación de religiosas que atiende al HSR diferencia claramente los usos de cada edificio, pero se ajusta, por alineación y altura, a esa preexistencia.

Planta nivel 3,70

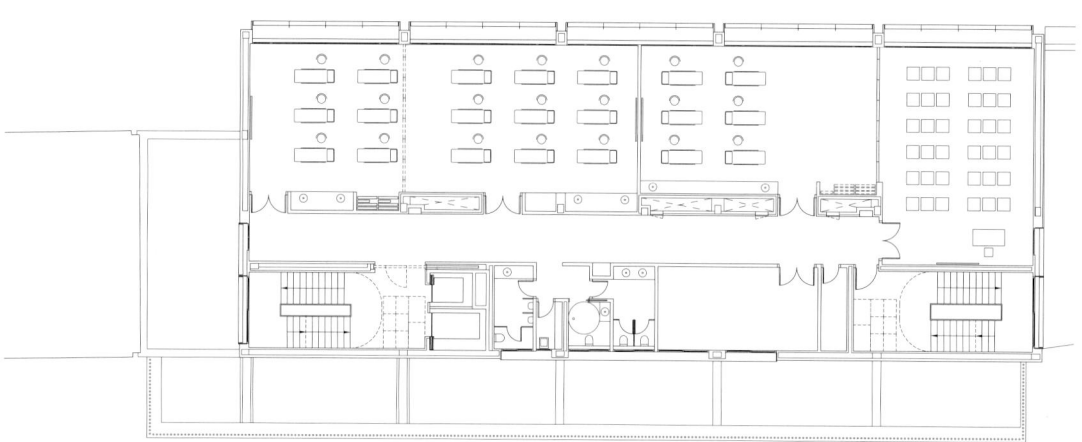

Planta nivel 7,40

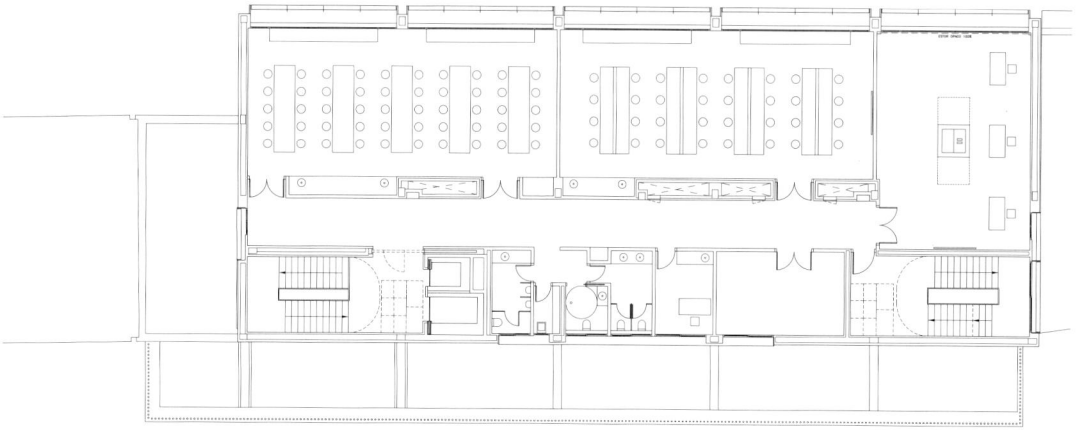

Planta nivel 0,00

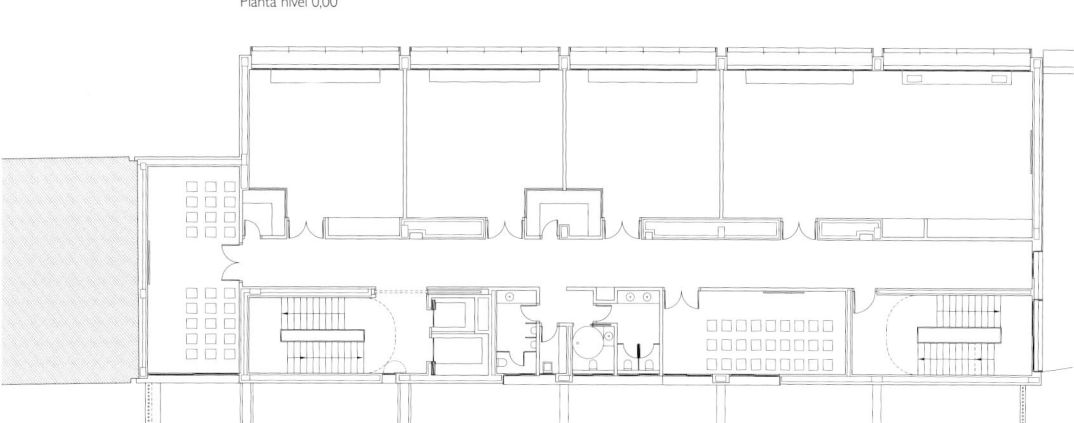

Planta nivel -4,50

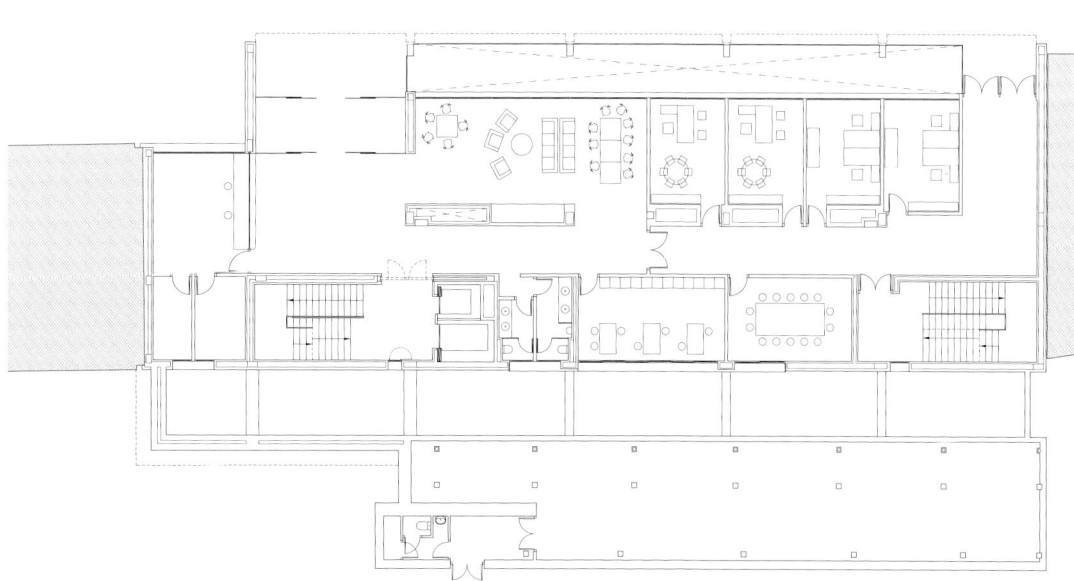

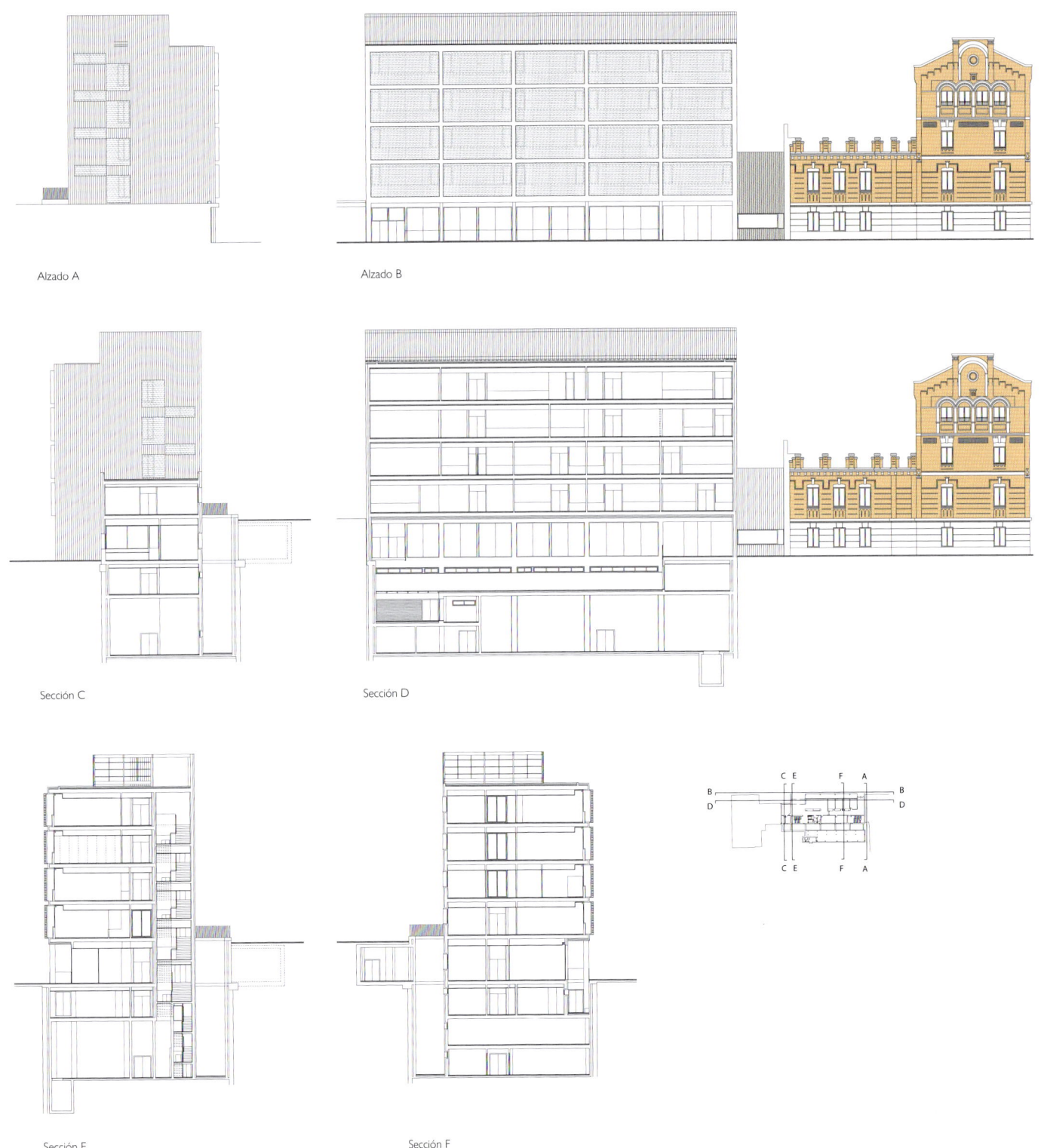

Alzado A

Alzado B

Sección C

Sección D

Sección E

Sección F

1. Cerramiento en dos fachadas

Las fachadas de este prisma semienterrado se especializan por la función que encierran y su orientación. La fachada oeste es un sistema de grandes ventanales con celosías fijas de aluminio en la que se disponen las aulas grandes, y la fachada este está definida con un cerramiento aislado por el exterior, con aberturas dimensionadas para despachos, salas de reunión y aulas menores.

La ejecución de la estructura mediante pilares y losas continuas de hormigón armado ha definido los límites en los que se dispone el cerramiento. La profundidad de la fachada oeste, en la que el plano de la carpintería se retrasa más de medio metro, permite que se genere hacia el interior sombra en verano, limitando la entrada de radiación, pero permitiendo una conexión visual constante con el exterior, además de crear una pasarela que permite la limpieza y mantenimiento de vidrios y lamas de aluminio.

La fachada este, por contra, se realiza con un sistema constructivo que proporciona un plano continuo, con aberturas reducidas que atienden a la ubicación de despachos, pequeñas salas de reunión y aulas. La gran ventaja de esta fachada es la posibilidad de disponer el aislamiento térmico continuo por el exterior, eliminando cualquier puente térmico.

DETALLE FACHADA Y CUBIERTA 1/10   DETALLE EN PLANTA DE CUBIERTA   DETALLE FACHADA Y CARPINTERIA 1/10

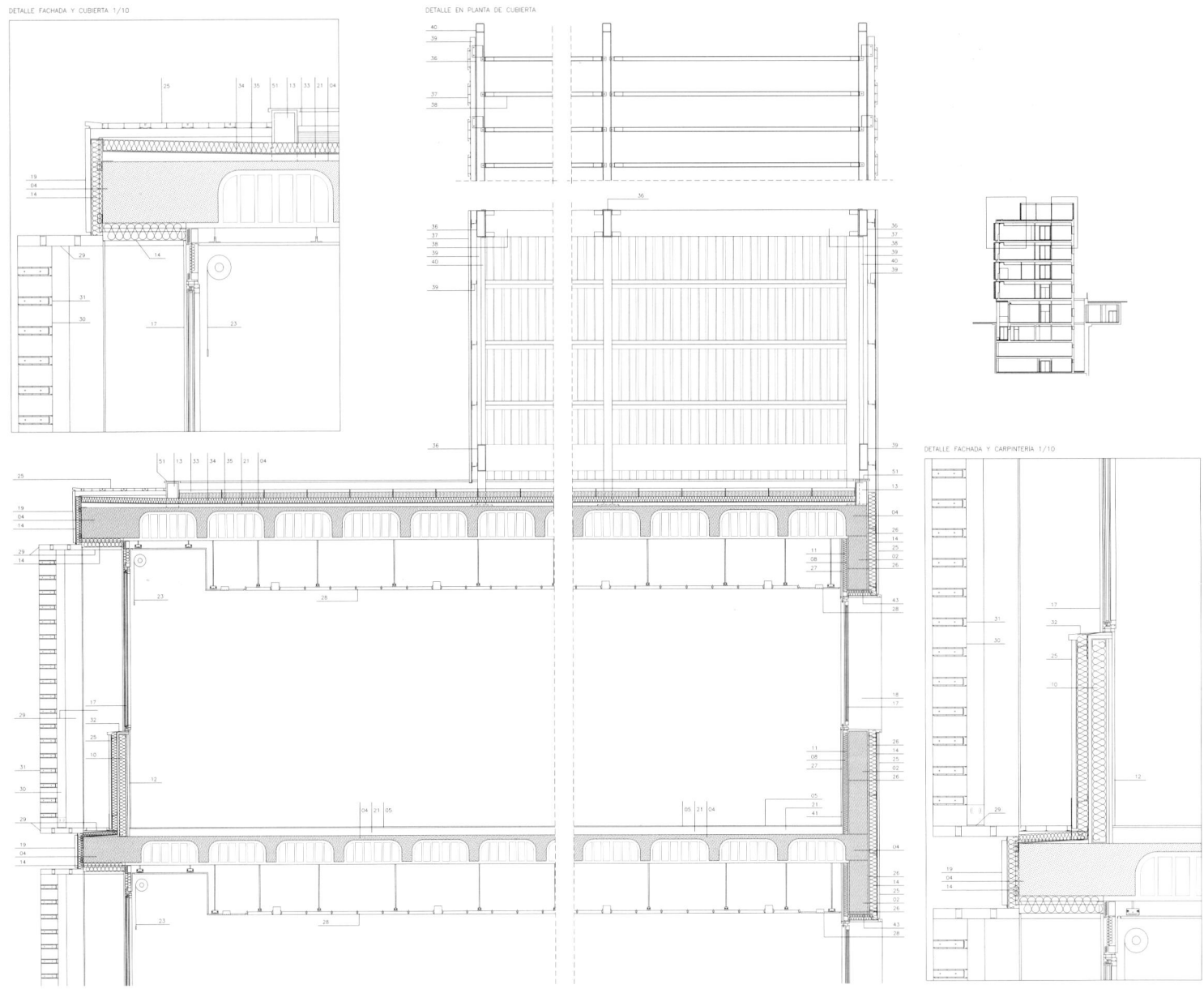

02 1 pie de ladrillo perforado
04 Forjado segun planos de estructura
05 Suelo cerámico despiece 120x60
08 Aislamiento, lana mineral 6 cm
10 Cerramiento de fachada. Sistema Knauf para soporte de fachada ventilada (espesor total: 14 cm) formado por estructura metálica de acero galvanizado (canales: 75x40x0,7 mm, montantes: 75x50x2 mm/60 cm, placa Aquapanel outdoor 12,5 mm, barrera de agua Tyvek, aislamiento con lana

mineral 7 cm, placa Knauf tipo a 12,5 mm y placa Knauf tipo A+L 15 mm)
11 Perfileria pladur, montante 46 mm
12 Zócalo de tablero fenólico
13 7/2 Pie de ladrillo perforado
14 Aislamiento térmico rigido
17 Carpinteria s/ planos de memoria
18 Recercado compuesto por vierteaguas, dintel y jambas de chapa plegada de aluminio (e: 1,5 mm) pegada a perfiles mediante sistema paneltack de Bostik, incluso subestructura de aluminio,

pretratamientos necesarios de las chapas, tornilleria y elementos de anclaje y fijación, acabado lacado mate
19 Chapa plegada de aluminio (e: 2 mm) acabado lacado mate fijada mediante tornilleria autotaladrante lacada en el mismo color, incluso subestructura de aluminio y elementos y piezas de fijación
21 Mortero de recrecido y nivelación
23 Estor de fibra de vidrio malla tupida
25 Fachada ventilada compuesta por

lamas lisas extrusionadas de aluminio 200 mm y chapa plegada de aluminio (e: 2 mm) en remates de esquinas sobre subestructura de aluminio, incluso tornilleria y elementos de anclaje y fijación. Acabado lacado mate
26 Enfoscado (e: 1,5 cm)
27 Doble placa pladur N15, acabado veloglas y pintura plastica mate
28 Falso techo registrable acústico de aluminio microperforado
29 Recercado formado por lamas de

aluminio extrusionado # 500x60 mm dintel y jambas de chapa plegada de aluminio (e: 2 mm) y vierteaguas, perfil extrusionado de aluminio 350 mm incluso tornilleria y piezas de apoyo y sujeción. Acabado lacado mate
30 Palastro vertical de aluminio en forma de peine 100/280 mm (e: 12 mm) para fijación de lamas, incluso elementos de anclaje
31 Lama horizontal de aluminio extrusionado # 200x50 mm incluso

ALZADO

SECCIÓN

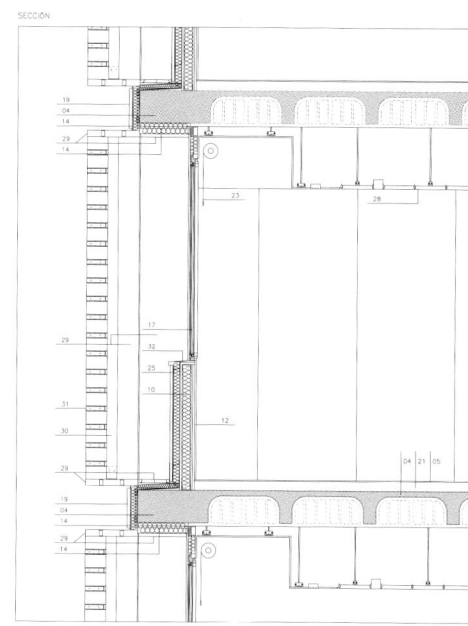

PLANTA

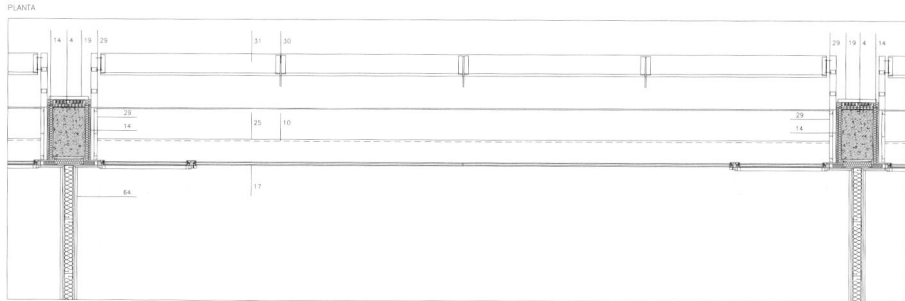

PLANTA DETALLE PILAR 1/10

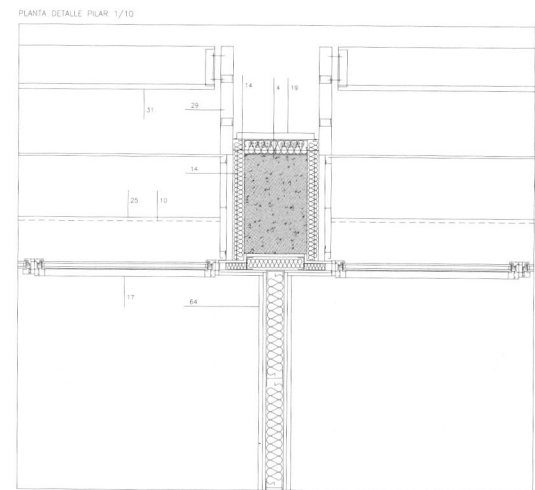

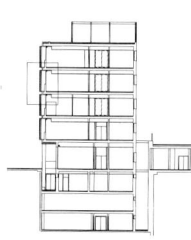

tapeta de remate, tornillería de acero inox. y demás elementos de apoyo y sujeción. Acabado lacado mate

32 Vierteaguas, chapa plegada de aluminio (e: 2 mm) acabado lacado mate

33 Losa filtrante Danosa (e: 95 mm)

34 Aislamiento, poliestireno extrusionado (e: 6 cm)

35 Impermeabilizante, doble tela asfáltica

36 Tubo de acero según planos de estructura

37 Cerramiento instalaciones, lama lisa

extrusionada de aluminio 200 mm y chapa plegada de aluminio (e: 2 mm) en remates de esquinas. Acabado lacado mate

38 Lama de aluminio extrusionado # 300x50 mm acabado lacado mate

39 Subestructura para fijación de cerramiento de instalaciones

40 Pilar de acero según planos de estructura

41 Rodapié cerámico idem. Solado (h: 15 cm) enrasado con Pladur

43 Cargadero, palastro de acero 150x10 mm anclado a forjado

51 Albardilla, chapa plegada de aluminio (e: 2 mm) acabado lacado mate

64 Tabiquería de Pladur

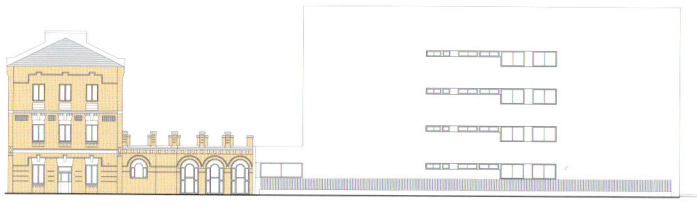

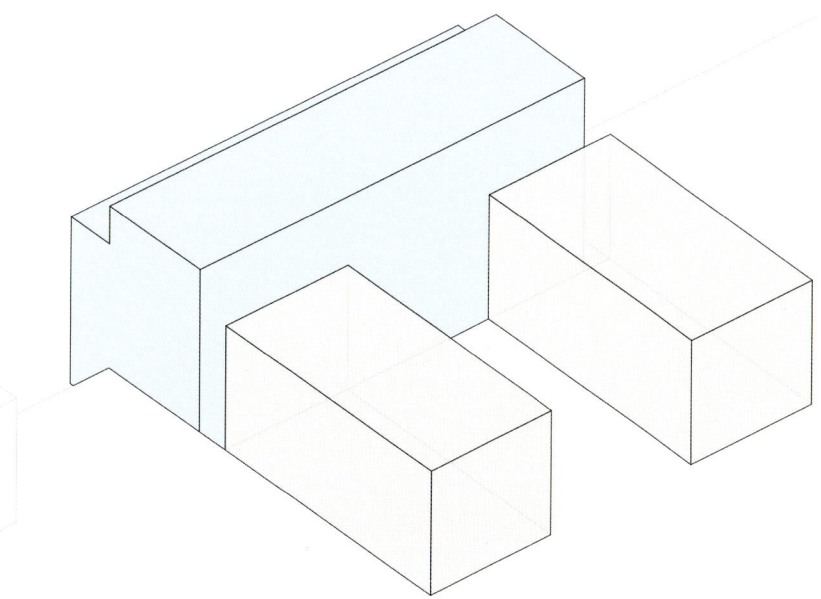

Vista axonométrica de la volumetría de la futura ampliación del edificio docente

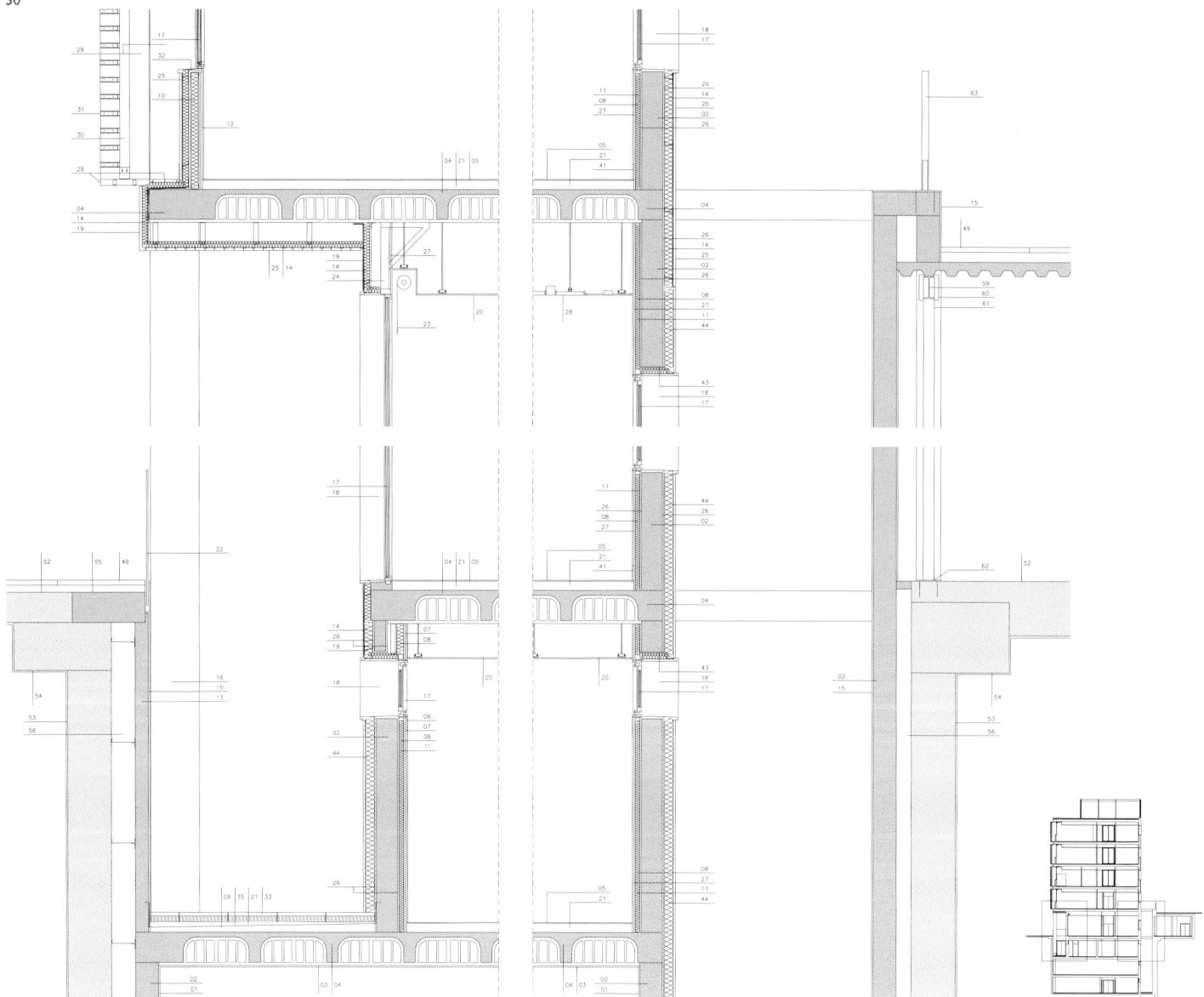

01 Enfoscado 1,5 cm, Acabado pintura
   plastica
02 1 pie de ladrillo perforado
03 Yeso proyectado s/ tela de gallinero
04 Forjado segun planos de estructura
05 Suelo cerámico despiece 120x60
06 Alicatado cerámico 10x10 cm
07 Doble placa WA15
08 Aislamiento, lana mineral 6 cm
09 Hormigón aligerado para
   pendientes
10 Cerramiento de fachada. Sistema
   para soporte de fachada ventilada
   (espesor total: 14 cm) Formado
   por estructura metálica de acero
   galvanizado, placa Aquapanel
   outdoor 12,5 mm, barrera de agua
   Tyvek, aislamiento con lana mineral
   7 cm, placa tipo a 12,5 mm y placa
   tipo A+L 15 mm

11 Perfilería , montante 46 mm
12 Zócalo de tablero fenólico
13 ½ pie de ladrillo perforado
14 Aislamiento térmico rigido
15 Enfoscado fino, acabado idem. Sate
   de fachada enfrentada
16 Pilar de hormigón blanco visto
17 Carpintería s/ planos de memoria
18 Recercado compuesto por
   vierteaguas, dintel y jambas de
   chapa plegada de aluminio (e:
   1,5 mm) pegada a perfiles mediante
   sistema paneltack de Bostik,
   acabado lacado mate
19 Chapa plegada de aluminio
   (e: 2 mm) acabado lacado
   mate fijada mediante tornilleria
   autotaladrante lacada en el mismo
   color con subestructura de aluminio
20 Falso techo, Placa PYL

21 Mortero de recrecido y nivelación
22 Barandilla de vidrio laminar 8+8
   mm fijada entre palastros de acero
   300x10 mm.
23 Estor de fibra de vidrio
24 Malla tupida estructura metalica,
   formada con tubos de acero
   100x50 mm (e: 3 mm) con
   escuadras puntuales para arriostrar
   y colgar en forjado
25 Fachada ventilada compuesta
   por lamas lisas extrusionadas de
   aluminio 200 mm y chapa plegada
   de aluminio (e: 2 mm) en remates
   de esquinas sobre subestructura de
   aluminio, lacado mate
26 Enfoscado (e: 1,5 cm)
27 Doble placa con acabado veloglas y
   pintura plastica mate
28 Falso techo registrable acústico de

aluminio microperforado recercado
formado por lamas de aluminio
extrusionado # 500x60 mm.
29 Dintel y jambas de chapa plegada
   de aluminio (e: 2 mm) y vierteaguas,
   perfil extrusionado de aluminio,
   acabado lacado mate
30 Palastro vertical de aluminio en
   forma de peine 100/280 mm (e: 12
   mm) para fijación de lamas, incluso
   elementos de anclaje
31 Lama horizontal de aluminio
   extrusionado # 200x50 mm incluso
   tapeta de remate, tornilleria de
   acero inox.
32 Vierteaguas, chapa plegada de
   aluminio (e: 2 mm) acabado lacado
   mate
33 Losa filtrante Danosa (e: 95 mm)
34 Aislamiento, poliestireno

extrusionado (e: 6 cm)
35 Impermeabilizante, doble tela
   asfáltica
41 Rodapié cerámico idem. Solado
   (h: 15 cm) enrasado con
43 Cargadero, palastro de acero
   150x10 mm anclado a forjado
44 Sistema de aislamiento térmico
   exterior (sate) compuesto por
   mortero base de adhesión,
   aislamiento anclado mecánicamente,
   capa de revestimiento armado con
   malla de fibra de vidrio 3,5x3,8
   mm y revestimiento de acabado
   previa aplicación de imprimación de
   fondeo. Espesor total 10 cm
49 Solado de granito pardo abujardado
   (e: 5 cm) según despiece
51 Albardilla, chapa plegada de aluminio
   (e: 2 mm) acabado lacado mate

52 Forjado existente
53 Pantalla de pilotes
54 Viga cadena de muro existente
55 Viga para barandilla sobre viga
   cadena
56 Camara de separación entre
   existente y de nueva ejecución
57 Codal
58 Forjado de chapa colaborante (e: 14
   cm)
59 Viga IPE-220
60 Placa a muro de IPE-220
61 Pilar 2UPN-140
62 Placa base pilares 2UPN-140
63 Tubo de acero de d=7 cm
   separados cada 10 cm con pintura
   acabado epoxi, fijado a placa
   anclada sobre muro de hormigón
   o pie de ladrillo, con casquillo para
   fijacion de tubo

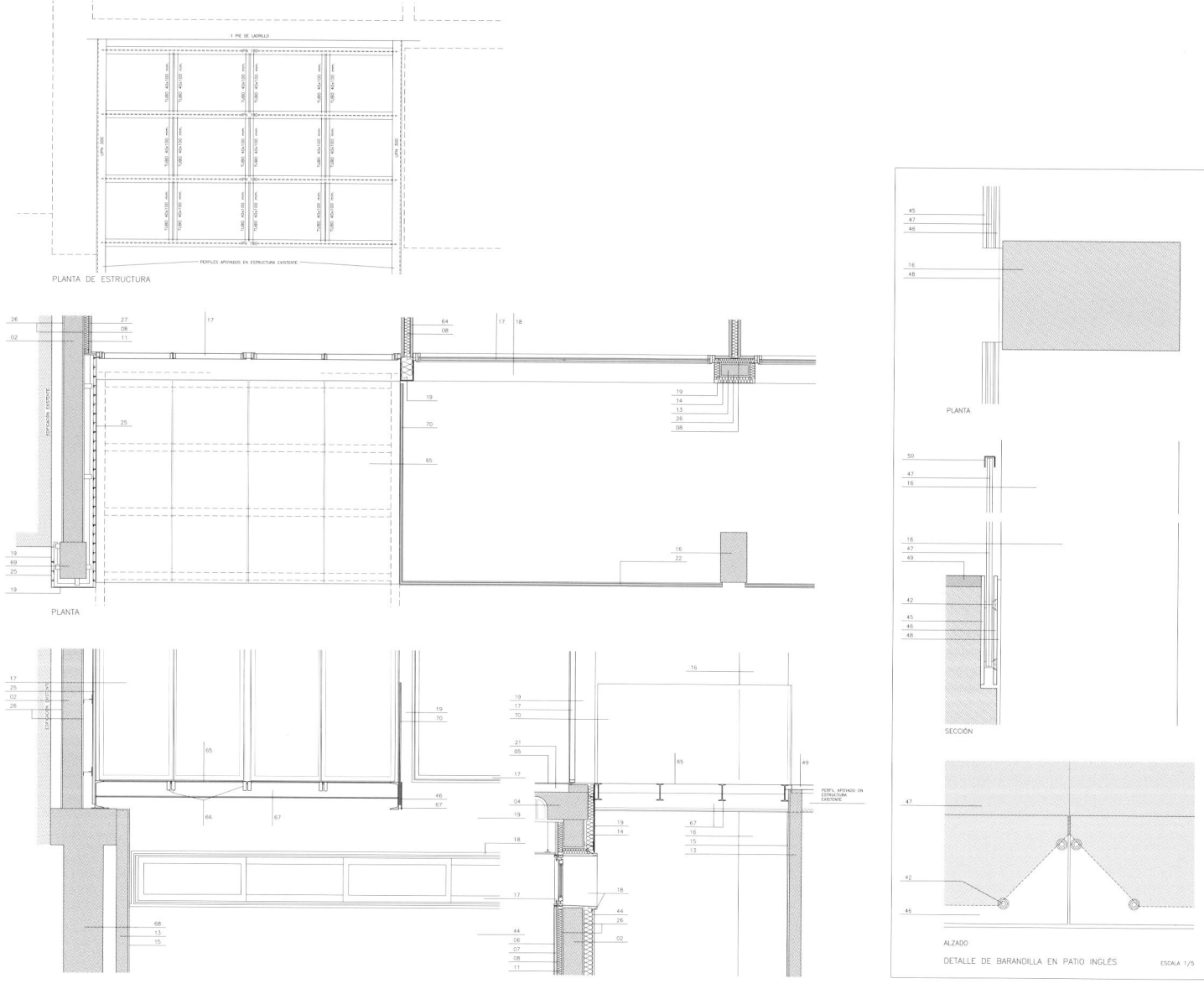

02 1 Pie de ladrillo perforado
04 Forjado segun planos de estructura
05 Suelo cerámico despiece 120×60
06 Alicatado cerámico 10×10 cm
07 Doble placa WA15
08 Aislamiento, lana mineral 6 cm
11 Perfileria , montante 46 mm
13 ½ pie de ladrillo perforado
14 Aislamiento térmico rigido
15 Enfoscado fino, acabado idem. Sate de fachada enfrentada
16 Pilar de hormigón blanco visto
17 Carpintería
18 Recercado compuesto por vierteaguas, dintel y jambas de chapa plegada de

aluminio (e: 1,5 mm) pegada a perfiles mediante sistema paneltack de Bostik, incluso subestructura de aluminio, acabado lacado mate
19 Chapa plegada de aluminio (e: 2 mm), acabado lacado mate fijada mediante tornilleria autotaladrante lacada en el mismo color.
20 Falso techo, PYL
21 Mortero de recrecido y nivelación
22 Barandilla de vidrio laminar 8+8 mm fijada entre palastros de acero 300×10 mm
25 Fachada ventilada compuesta por lamas lisas extrusionadas de aluminio

200 mm y chapa plegada de aluminio (e: 2 mm) en remates de esquinas sobre subestructura de aluminio, acabado lacado mate
26 Enfoscado (e: 1,5 cm)
27 Doble placa N15, acabado veloglas y pintura plastica mate
42 Tornillo tipo allen enrasado con palastro
44 Sistema de aislamiento térmico exterior (SATE) compuesto por mortero base de adhesión, aislamiento anclado mecánicamente, capa de revestimiento armado con malla de fibra de vidrio 3,5×3,8 mm y revestimiento

de acabado previa aplicación de imprimación de fondeo. Espesor total 10 cm
45 Palastro interior de acero 300×10 mm anclado a solera, lacado al horno color gris idem. Fachada
46 Palastro exterior de acero 300×10 mm atornillado a palastro interior para fijación de vidrio. Lacado al horno color gris idem. Fachada
47 Vidrio laminar 8+8 extraclaro
48 Junta marcada entre pilar y muro de cerramiento, 1 cm
49 Solado de granito pardo abujardado (e: 5 cm) según despiece

50 Pasamanos, U 30×30×2 mm en acero inoxidable
64 Tabiquería PYL
65 Solado de chapa lacrimada de acero inoxidable
66 Tubo de acero 40×100 mm (e: 2 mm). Acabado poliuretano dos componentes
67 Perfil de acero
68 Pantalla de pilotes
69 Pilar de hormigón armado
70 Tramo de barandilla de vidrio laminar 8+8 mm fijada entre UPN 300 y palastro # 10×300 mm

2. Espacios interiores

Teniendo en cuenta la modulación que genera el proyecto, desde la estructura a los acabados, los materiales para los espacios interiores se eligen principalmente por su durabilidad y bajo coste de mantenimiento.

Todos los acabados son adecuados por sus tonos claros y por sus texturas, para reflejar matizadamente la luz natural: los suelos son cerámicos de gran formato, los techos suspendidos tienen tratamiento acústico, con las luminarias LED y sistemas de climatización integrados, y los zócalos se realizan con tablero fenólico, dejando los paramentos y trasdosados de fachada con doble placa de yeso laminado, con acabado de fibra de vidrio (Veloglas) y pintura plástica mate.

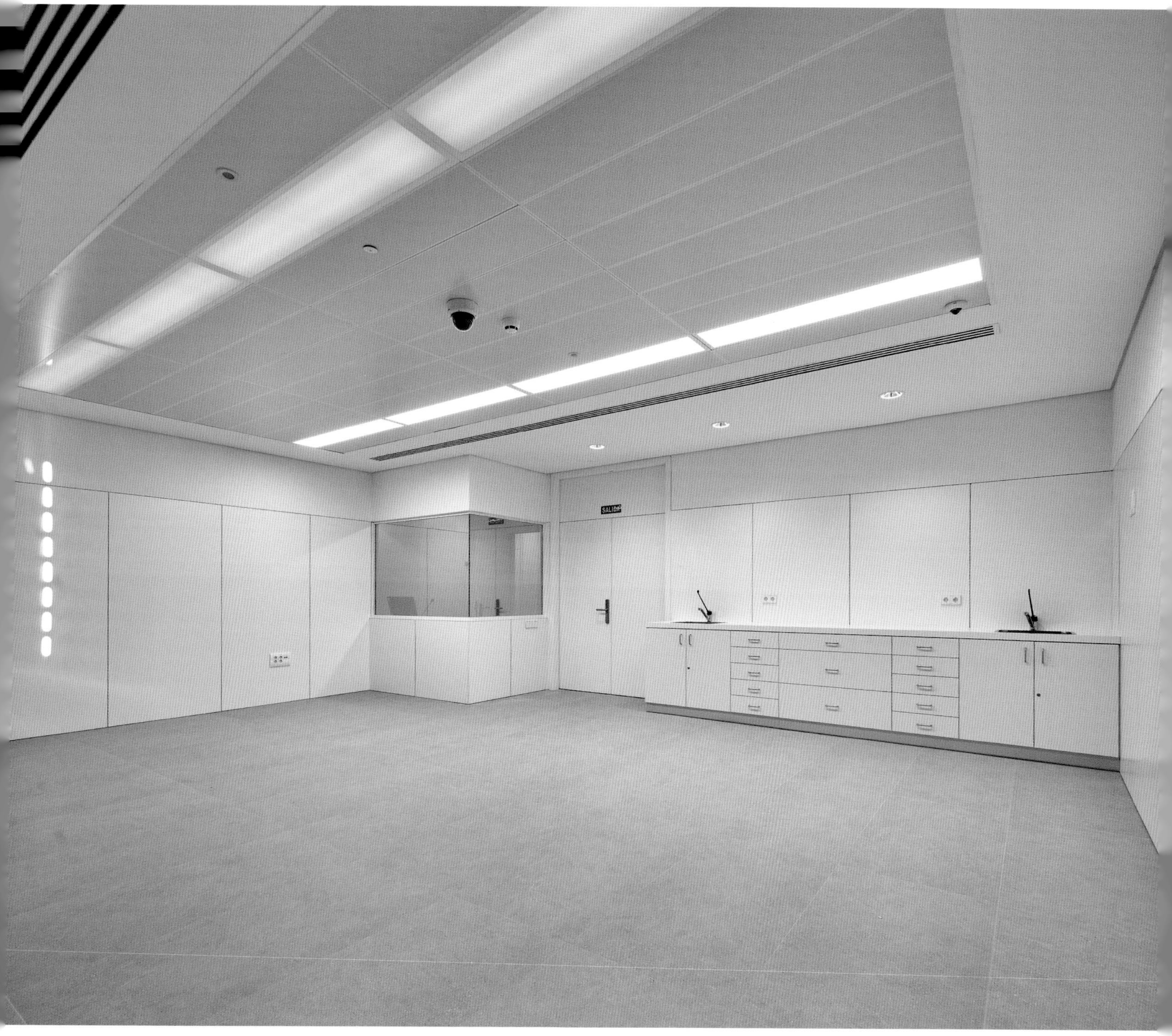
SALIDA

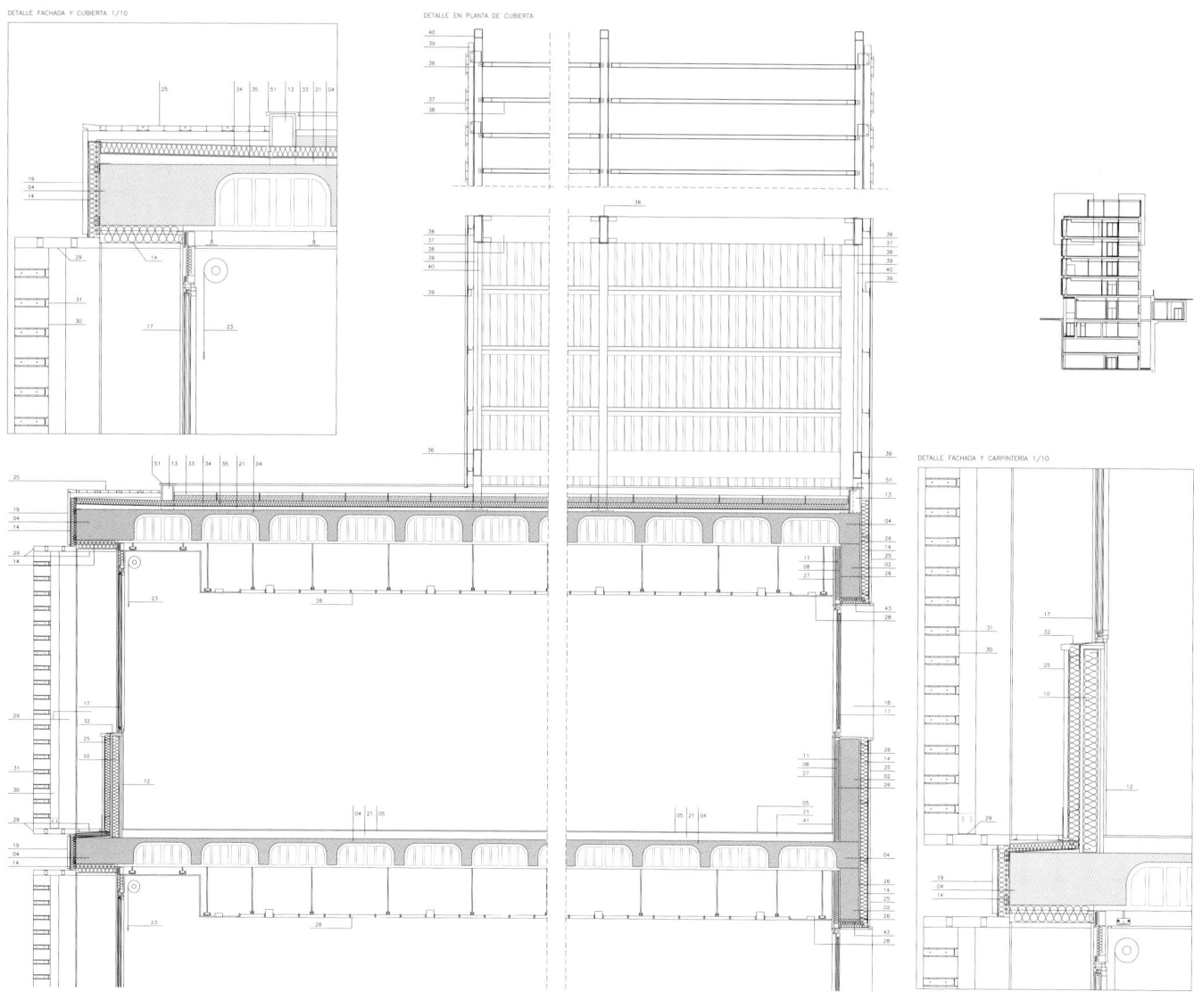

DETALLE FACHADA Y CUBIERTA 1/10

DETALLE EN PLANTA DE CUBIERTA

DETALLE FACHADA Y CARPINTERIA 1/10

01 Enfoscado 1,5 cm, acabado pintura plástica
02 1 pie de ladrillo perforado
03 Yeso proyectado s/ tela de gallinero
04 Forjado segun planos de estructura
08 Aislamiento, lana mineral 6 cm
11 Perfilería PYL, montante 46 mm
17 Carpintería
18 Recercado compuesto por vierteaguas, dintel y
    jambas de chapa plegada de aluminio (e: 1,5 mm)
    pegada a perfiles mediante sistema paneltack
    de Bostik, incluso subestructura de aluminio,
    acabado lacado mate
21 Mortero de recrecido y nivelación
25 Fachada ventilada compuesta por lamas lisas
    extrusionadas de aluminio 200 mm y chapa

plegada de aluminio (e: 2 mm) en remates
de esquinas sobre subestructura de aluminio,
acabado lacado mate
26 Enfoscado (e: 1,5 cm)
27 Doble placa PYL N15, acabado veloglas y
    pintura plástica mate
64 Tabiquería PYL
71 Suelo terrazo
72 Suelo cerámico despiece a medida
73 Peldaño cerámico
74 Barandilla de tubo de acero inoxidable
75 Malla electrosoldada galvanizada 50x50 mm,
    fijada a pilares con bastidor en L de acero
    30x30x3 mm
76 Peldaño terrazo

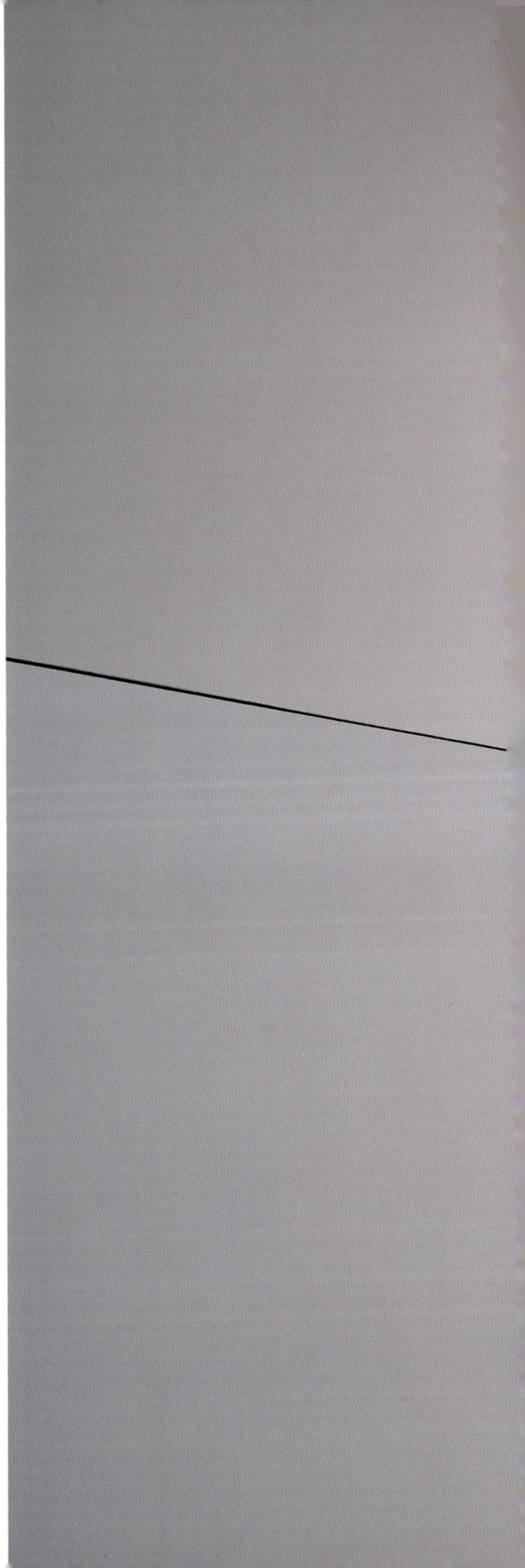

Hospital San Rafael
Nuevo edificio docente

Riaño Arquitectos
Carlos de Riaño, Rebeca Hurtado y
Almudena Peralta, Arquitectos

JG Ingenieros
Emilio Gómez Gaya, Ingeniero Industrial

Equipo de proyecto
Jesús Rodríguez Linares

Colaboradores
DAIE, Juan Manuel Rubio

Arquitecto técnico
Carlos Fernandez Casal

Constructora
VIAS y construcciones, S.A.

Superficie
SC bajo rasante - 1.500 m^2
SC sobre rasante - 3.000 m^2
SC total - 4.500 m^2

Presupuesto
6.000.000 €

Fechas
Fecha Proyecto - 2020-2021
Fecha Obra - 2022-2023

Localización
C/ Serrano, 199
Madrid, España

Fotografía
Alfonso Quiroga

Empresas participantes en la obra y patrocinadoras
de esta edición

Carpintería de madera / mamparas
TEISA
www.teisa.es

Puertas cortafuegos
TORRESFIRE
www.torresfire.es

Envolventes / Fachada ventilada
LIÑAGAR
www.linagar.es

Constructora
VIAS y construcciones, S.A.
www.vias.es